AF571014

A L L E R L E I

Gedanken und Gedichte

von Andreas und Karl Vlaschitz

Herstellung und Verlag: BoD – Books on Demand, Norderstedt

Bibliografische Information der Deutschen Nationalbibliothek: Die Deutsche Nationalbibliothek verzeichnet diese Publikation in der Deutschen Nationalbibliografie; detaillierte bibliografische Daten sind im Internet über dnb.dnb.de abrufbar.

ISBN: 9783758324642

Geschenk

Das Schönste auf der Welt
bekommst du nicht für Geld,
du kriegst es, wie ich denk'
nur als Geschenk.

Es ist so zart und hold,
viel wertvoller als Gold,
ich bin vor Liebe blind -
mein Enkelkind.

Stammhalter

In ruhigem Schlaf
verschmitzt dein Lächeln
während alle Verwandten
gute Wünsche zufächeln.

Ein Ästchen entsprungen
aus edlem Stamm,
es wirkt deine Haltung
selbstsicher und stramm.

Mit Fäustchen geballt
ans Leben ran,
5 Stunden alt
doch schon ein Mann.

Wünsche an ein Neugeborenes

Wir wünschen dir Zufriedenheit
in allen Lebenslagen,
dazu Humor und Heiterkeit,
dies auch an trüben Tagen.

Wir wünschen dir vor allem Glück
um Taten zu vollbringen,
und davon gleich ein großes Stück
für alle wicht'gen Dinge.

Wir wünschen dir Opposition,
nicht immer mitzustimmen,
davon ‚ne gute Portion
um ‚gen den Strom zu schwimmen.

Wir wünschen dir aus ganzem Herzen
Gesundheit all dein Leben,
frei zu sein von großen Schmerzen,
kein Seelenleid soll's geben.

Wir wünschen dir die Fähigkeit,
wenn du die Welt betrachtest,
kritisch zu sein zu jeder Zeit,
doch and're Meinung achtest.

Wir wünschen dir im Leben Mut
Gedanken frei zu denken,
sie auszusprechen, das tut gut,
lass dich von oben lenken.

Wir wünschen dir viel Menschlichkeit
im Umgang mit den Nächsten,
sei freundlich und auch stets bereit
zu helfen und zu trösten.

Wir wünschen deine Eltern geben
dir Liebe und Geborgenheit,
und dass sie während deines Lebens
zu dir halten jederzeit.

Mein liebes Kind

Liebes Kind die Zeit sie flieht
rasend schnell dahin,
die Jugend sich mir ganz entzieht
bis ich greise bin.

Willst so Vieles von mir lernen,
was du wissen musst,
von der Erde, von den Sternen
auch von Lebenslust.

Keine Frage, keine Antwort,
kein Problem von allen,
zu keiner Zeit, an keinem Ort
sollen schwer mir fallen.

Alles Wissen, allen Rat,
was ich in mir berge,
halt' ich stets für dich parat
bis ich einmal sterbe.

Übermütig

Mit dir kann ich lachen
und hüpfen und tanzen
oder einfach strawanzen
auch Dummheiten machen

Zeichnen und malen
singen und reden
über alles und jeden
auch meinen Kopf, den kahlen

Alles mach ich mit dir
bei Tag und bei Nacht
so dass mein Herz lacht
bleib immer bei mir

Wenn dir ein Kind

Wenn dir ein Kind die Hand reicht, dann heißt das - beschütze mich

Wenn dir ein Kind die Hand reicht, dann heißt das - ich will dir nahe sein

Wenn dir ein Kind die Hand reicht, dann heißt das -jetzt habe ich keine Angst mehr

Wenn dir ein Kind die Hand reicht, dann heißt das - nimm mich so wie ich bin

Wenn dir ein Kind die Hand reicht, dann heißt das - du bist für mich jetzt wichtig

Wenn dir ein Kind die Hand reicht, dann heißt das - mit dir gehe ich meinen Weg

Wenn dir ein Kind die Hand reicht, dann heißt das - ***ich vertraue dir***

Sei nicht traurig...

Sei nicht traurig, liebes Kind,
die Welt, sie braucht dich sehr,
verändert sich oft ganz geschwind,
und Menschen noch viel mehr.

Sei nicht traurig, liebes Kind,
wenn dich ein Mensch belügt,
die Wahrheit ist des Menschen Feind,
der Schein dich oft betrügt.

Sei nicht traurig, liebes Kind,
wenn dich ein Mensch verlässt,
ich bleib' dir treu, verlass' dich nie,
verspreche ich ganz fest.

Sei nicht traurig, liebes Kind,
wenn ich einmal sterbe,
Liebe, Güte, Toleranz
sind für dich mein Erbe.

Verlorenes Kind

Mein eigen Fleisch und Blut,
das immer singt und lacht,
mit Augen voller Glut
gestohlen über Nacht.

Wer leitet deine Geschicke,
wer hält die zarte Hand,
wer erntet deine Blicke
in mir ist Wut entbrannt.

Ich bin schon alt, doch noch kein Greis
und warte auf das Morgen,
die Überzeugung flüstert leis'
und nimmt mir meine Sorgen.

Ich weiß, es kommt einmal der Tag
in meinem langen Leben,
an dem mein Herz sich freuen mag,
denn du wirst mir gegeben.

Großeltern

Großeltern reden mit dir und hören dir immer zu,
sie lesen dir gerne vor und betten dich auch zur Ruh'.

Großeltern fahren mit dir, wohin du auch willst,
sie suchen das Beste dir aus, damit du den Hunger stillst.

Großeltern sind immer da, wenn du sie rufst,
sie helfen dir auch, wenn du noch so viel Unsinn tust.

Großeltern kriechen auch auf allen Vieren,
sogar wenn sie bald ihre Knie nicht mehr spüren.

Großeltern spielen so fleißig wie Bienen,
sie lassen dich manchmal sogar gewinnen.

Großeltern kochen gar köstliche Speisen,
sie lieben es auch mit dir zu verreisen.

Großeltern verstehen dich immer
böse und streng sind sie nie und nimmer.

Großeltern fühlen mit dir und sind wichtiger als du denkst,

sie kann man nicht kaufen, wenn du Glück hast, kriegst du sie geschenkt.

Opa

schwimmen und laufen
tanzen und springen
einen kaugummi kaufen
heut wird es gelingen
eine sandburg errichten
dann rein in den wald
zwischen tannen und fichten
da ist es nicht kalt.

Opa komm!!!

wie indianer schleichen
ganz in bodennäh
hochklettern auf eichen
um dort auszuspäh'n
jetzt rauf in das zimmer
hier ist legoland
die knie schaffens nimmer
und auch nicht die hand

Opa komm!!!

schachtelstadt bauen
auf allen vieren
essen und kauen
mit schlechten manieren
durch röhren sich zwängen
es ist eine qual
bleib immer nur hängen
ich hab keine wahl

Opa komm!!!

löcher graben
steine tragen
mal springen mal sitzen
stöhnen und schwitzen
rauf und runter
frisch und munter
balancieren
dirigieren
raus und rein -

es ist verdammt hart
der beste Opa zu sein.

Allerlei Unsinn

Spazieren geh'n an frischer Luft
gewürzt mit süßem Blütenduft
ist besser als still liegen
in einer feuchten Gruft.

Sauna

Loisl, kum, sei net so fies,
weil des wetta is eh mies,
gemma ohne uns're Frauna
heite in die g'mischte Sauna.
Durt is imma wirklich schen,
denn do gibts genug zum sehn.
Große, kleine, dünne, dicke
entzieh'n sich nicht dem Männerblicke,
manchmal auch ganz straffe Pos,
Brüste rollen wie Rollos.
Ab und zu sind sie so lose
fallen schier ins Bodenlose,
praktisch wärs für manche Braut
wären Stopper eingebaut.
Piercing hier und Piercing da,
wo man diese niemals sah,
sowas muss ja schrecklich zwicken,
das seh' ich, wenn sie sich bücken,
Bäuche wabbeln auf und nieder,
in der Sauna fehlt das Mieder.
San die ganzen feschen Frauna
alle in der Gender-Sauna?
Loisl, kum, schnö weg von hier,
gemma liaba auf a Bier,
dazua no a bisserl Schuss
vom Scharfen, des is Hochgenuss.
Nächste Woche liaba Freind
samm wieda do vereint,
oba wir gehn dan in'd Sauna
nur no hin mit uns're Frauna.

Po li tik

li tik
    tik
    tik tak
    tik tak, tik tak ..... BUMM

An einem Teich
sitzt ein Scheich,
da schwimmt vorbei a Leich
und sagt zum Scheich:
„Ich komme gleich“,
da sagt der Scheich
„du bist net neich
und scho a bisserl weich
des is schlecht für'n Teich“,
und gleich
rennt der Scheich
weg vom Teich
er wü ka oide Leich.

Bei uns daham
do gibt’s a Klamm,
und mittendrin do steht a Bam.
Und in da Klamm
bau i an Damm,
des Wossa aus da Klamm
rinnt donn gonz lahm
in an schen See und is daham.

Den Wallfahrtstag
ich gerne mag
und ich kaum träumen wag
ein Jahr ohne diesen Tag.

Die Radfahrer radeln
mit strammen Wadeln
der Baum verliert Nadeln

Der Leser liest
das Gewehr, das schießt
die Gärtnerin gießt

Kalt kracht das Eis
es kocht der Reis
im Wasser heiß

Die Nadel sticht
der Furz der riecht
das Glas zerbricht

Und wieder sitzt der Scheich
an seinem Teich
doch diesmal kommt ka Leich

Was denken Autokraten der unterdrückten Länder?
Was denken Politiker der demokratischen Staaten?
Was denken Könige wenn sie ihre Untertanen regieren?

Was ???

Sie denken nicht!

Silvester

Was wünschen wir euch ab morgen?
Wenig Kummer, keine Sorgen,
Gesundheit und viel Freud'
nur Frohsinn und kein Leid,
und schließlich, nicht vergessen,
genug zu trinken und zu essen.
Und sonst soll sein das neue Jahr
noch besser als das alte war.

Der Spiegel

Wangen hängen, Hüften wackeln,
Falten ziehen quer durch’s Bild,
ausgeprägte Tränensackeln,
Haare hängen grau und wild.

Muskeln wirken schlapp und lose
viel zu eng ist schon das Kleid,
der Busen hängt ins Bodenlose,
der Mensch da tut mir wirklich leid.

Schlechte Zähne, spröde Lippen,
der Anblick die Erotik killt,
wie ich mich nach der Jugend sehne,
denn dies ist mein Spiegelbild.

Seelentief

Tief in meiner Seele
häufen sich die Sorgen
schnüren meine Kehle
denke nicht an Morgen

Tief in meiner Seele
gibt es kaum ein Lachen
das mir doch so fehlet
was soll ich nur machen

Tief in meiner Seele
schmilzt die Hoffnung hin
die Stunden ich schon zähle
bis ich in Freiheit bin

Wenn’s geht...

Wenn’s geht, dann möchte ich lächelnd sterben -
mit der Sicherheit vielen Freude bereitet zu haben.

Wenn’s geht, dann möchte ich lächelnd sterben -
mit der Zuversicht, dass sich die Menschen positiv verändern
werden.

Wenn’s geht, dann möchte ich lächelnd sterben -
mit der Hoffnung möglichst wenigen weh getan zu haben.

Wenn’s geht, dann möchte ich lächelnd sterben -
mit der Überzeugung, dass die Welt noch lange weiter besteht.

Wenn’s geht, dann möchte ich lächelnd sterben -
mit dem Glauben an noch schönere Tage.

Trügerisches Eis

Mattgrau glänzend,
Wintersonne reflektierend,
mit streifenförmigen Schilfschatten verziert,
Sicherheit vortäuschend,
von Rissen durchzogen,
bedrohlich knirschend.
Hüte dich

Ich möchte…

dich sehen Tag und Nacht,
wenn der Mond hell scheint und die Sonne lacht.

dich spüren ganz nah bei mir,
und wärme mein Herz eh ich erfrier.

dich riechen vom Fuß bis zum Schopf,
es betört die Sinne in meinem Kopf.

dich lieben an jedem Ort,
zu jeder Zeit und immerfort.

Neujahrswünsche

Ich wünsche euch Zufriedenheit mit dem, was ihr habt.
Ich wünsche euch Friedfertigkeit mit eurem Partner und mit allen Menschen.
Ich wünsche euch die Einsicht, dass ihr auf euren Körper und euren Geist achtet.
Ich wünsche euch, dass ihr in euren Mitmenschen gleichberechtigte und ernstzunehmende Mitbürger seht.
Ich wünsche euch Ausgeglichenheit und Konzentration im Berufsleben.
Ich wünsche euch alles nur erdenklich Gute.

Schneeflocke

Du einmalige kristalline Schönheit,
unschuldig, unberührt, rein, perfekt
fällst du aus dem Himmel des ewigen Lebens
auf unsere Erde.
Doch wir verdienen dich nicht.
Neid, Missgunst, Hinterhältigkeit, Hass, Terror
lernst du hier kennen,
und in kürzester Zeit bist du schmutzig und schwarz
wie unsere Seelen.

Kalte, dunkle Nacht!

Es regnet.
Ich warte auf dich.
Wo bist du?
Willst du mich nicht mehr?
Ich dachte wir treffen uns heute!
Es wird kühler.
Die Sonne sinkt immer weiter.
Du weißt ich warte.
Es wird kühler.
Jetzt ist es schon fast ganz dunkel.
Ich warte.
Die Straßenlaterne geht an.
Ich stehe am Balkon.
Allein in der pechschwarzen Nacht.
Acht Stockwerke über der Erde
und warte
Die Tür knarrt.
Sie wird geöffnet.
Ein Schwall von grellem Licht ergießt sich in den Raum.
Ein Schatten wird sichtbar.
Bist es du?
Er kommt auf mich zu.
Er greift nach mir
...und der Engel schließt mich in die Arme
und fliegt weg mit mir
weg vom 8. Stockwerk
weg von dieser Kälte
weg von dieser Dunkelheit
Wieso bist du nicht gekommen?

Die Erdbeere

Die Atmung wird immer schneller,
das Herz rast dahin,
die Schreie hinter mir, immer greller
sie rufen: richtet ihn!

Vor mir tut sich ein Abgrund auf,
ich versuche zu springen,
nehme schnell noch Anlauf
doch kann es nicht vollbringen.

Jetzt hilft auch nicht mehr jammern,
bin gegangen aufs Ganze
probier' mich festzuklammern,
erwische eine Erdbeerpflanze.

Doch langsam gibt sie nach,
liegt es an meiner Schwere?
Was ich jetzt noch mach,
schnell pflück' ich eine Erdbeere.

Stecke sie in meinen Mund
und lass die Pflanze los.
Näher kommt der Erdengrund
doch die Beere schmeckt grandios!

Die Gesellschaft ist schuld

Ein Kind wollte mal Filmstar werden
oder Höhlenforscher, Sänger, Zauberer?
Den Hunger bekämpfen auf Gottes Erden
oder vielleicht zur Feuerwehr?

Die Eltern meinten: „Ganz bestimmt,
werde es nur, kein Problem,
doch davor mein, liebes Kind,
lern' was gscheit's, du wirst schon sehn.

In ihm blieben nur noch Träume
von Schule, Medien und Werbung bombardiert,
dann wurden auch sie zu Schäumen
und es an die Gesellschaft assimiliert.

Lange Zeit hat es sich gewehrt,
nun trennt es sich von seinen Idealen,
von der „realen Welt" bekehrt
gehört es nun zu den „Normalen"

Wie ein Uhrwerk läuft es nun
im tristen Alltag im Kreis,
in der Arbeit immer mehr zu tun,
es geht nicht anders, wie man weiß.

Alle Menschen im selben Trott,
oft ist es besser alles zu riskier'n,
Familie, Freunde, den Bankrott
als die Lust am Leben zu verlier'n!

Der Sprung

Vor mir ein Steg
wie allein für mich gebaut.
Langsamen Schrittes geh ich auf ihm hinaus.
Im 68sten Stockwerk,
Leute bleiben stehen,
sie schauen nach oben.
Jetzt oder nie!
Noch ein letzter Schritt.
Ich strecke die Arme empor.
Ein kurzer Blick zurück.
„Bitte halte mich!"
Und ich falle,
nein, ich fliege
in die unendliche Freiheit.
Der eiskalte Wind bläst ins Gesicht,
Stille, Friede.
Und plötzlich reißt mich das Bungeeseil zurück in die Realität!
Es hat mich gehalten...

Panzer

Links und rechts, oben, unten
alles eng, ich kann mich nicht bewegen,
Brandgeruch und Explosion,
ich werde hin und her geworfen,
jetzt hilft nur Beten.
Ich glaub' es ist zu spät,
ein grelles Licht
emporgehoben
in eine andere Welt
eine friedlichere?

Überdruss

Mit Stahlhelm und Schiessgewehr
marschieren Sie d'rauf los,
Soldaten nicht mehr da zur Wehr
sondern für mehr Öl und „Moos".

Genmanipulierten Mais,
Fleisch aus dem Tier-KZ.
Will nicht mehr essen diesen Scheiß,
der mir überhaupt nicht schmeckt.

Die Erde immer heißer wird,
die Fabrikschlote paffen.
Das Leben nach mehr Sauerstoff giert,
die Bäume es nicht mehr schaffen.

Weil der Regenwald immer mehr schrumpft,
alles nur für den Profit,
statt Bäume alles nur versumpft,
überall das gleiche Lied.

Das Grausamste von allen Dingen,
ich sag's voll Überdruss,
ist es ein Kind zur Welt zu bringen,
das mit dem Ganzen leben muss.

Wenn das Ende näher kommt,
krepiert die Menschen-Plage.
Ich schau dann froh 'gen Horizont,
Verdient haben wir's uns, ohne Frage.

Die Welt wird's ohne uns besser machen,
und über den Reichen in seinem Bunker
kann ich dann nur zynisch lachen,
denn nur mit Geld und teurem Klunker,
ohne Sonne, Brot und all den Sachen,
wird, wenn die Welt geht unter,
er's auch nicht länger machen.

Ängste

Du hast Angst vorm weißen Hai
oder der dunklen Gasse in einem Dorf ohne Polizei,
dem Nachbarshund oder Riesenspinnen
oder Falschspielern, die dein Geld gewinnen,
oder einfach nur vor einer andern Hautfarbe
oder einem Piraten mit einer Narbe.
Deine Furcht werd' ich nun zerschlagen,
mich an deine Psyche wagen
und deine Ängste darauf konzentrieren,
was dich wirklich lässt dein Leben verlieren.
Denn Umweltprobleme lassen dich nicht schlecht träumen,
doch Wälder sterben, Bäche schäumen,
und früher oder später es passiert,
dass die Menschheit dadurch krepiert.
Und der, der dich höchstwahrscheinlich ermorden wird,
wartet nicht in der dunklen Gasse
sondern sitzt an deinem Tisch und trinkt eine Kaffeetasse
mit dir und du erwartest nicht,
dass er dich heute Nacht ersticht.
Denn es kommt kein Räuber oder Meuchelmörder wie im Thriller,
sondern meist wird dein Mann, Kind oder Elternteil zum Killer.
Und bevor ein Hai einmal macht deinem Leben Schluss,
stirbst du statistisch 100 mal eher durch den Fall einer Kokosnuss.
Ich hoffe nun du schläfst jetzt besser

Aber warte, ich greif schon zu meinem Messer...

Revolution!!!

Wofür es sich zu leben lohnt...

ist eine Welt voll Hass und Krieg,
in der der Egoismus siegt,
wo die Pflanzen sterben,
wo Tiere nur als Futter angeseh'n werden,
wo die Welt wird globalisiert
und dadurch uniformiert.
Jedes Land gleich anzuseh'n,
die Armen müssen immer mehr arbeiten geh'n,
wenn überhaupt, denn die Kapazitäten sind leer,
Hauptsache die Konzerne verdienen mehr.
In einer Welt wo Religionen
ihre Gläubigen entlohnen
und aufrufen zu Gottes Kampf,
leider nicht immer nur heißer Dampf

Warum soll ich arbeiten gehen?

Um dadurch dieses System zu unterstützen?
Und um mit ihm andere auszunützen?
Nein, ich entscheide mich für Krieg!
Krieg den Reichen in ihren Schlössern!
Krieg den Politikern auf ihren hohen Rössern!
Krieg den superreichen Banken!
Krieg den trennenden Grenzschranken!
Krieg den Besserwissern
und den im Sitzen- Pissern,
Krieg den Islamisten, Christen,
den Faschisten und den Hardcore-Feministen.
Krieg den Strebern und den Dummen,
es wird Zeit sich zu vermummen
und auf die Straße zu marschier'n.
Was hab ich schon groß zu verlier'n?
Mit dem Molotow-Cocktail in der Hand
brennt bald ein Polizisten Gewand.
Die Villen sind als nächstes dran!
Und Versicherungspaläste bomb' ich dann-
doch, STOP! - aus der Traum -
schon halb 6 Uhr, ich glaub es kaum,
muss jetzt auf und in die Arbeit,
was war ich heut' zu träumen bereit?
Keine Zeit, dass ich darüber nachsinne
und über andere wichtige Dinge.
Muss mich jetzt konzentrieren
um meinen Job nicht zu verlieren.
Am Abend will ich dann mein Hirn ausschalten
und lass meine Gedanken vom Fernsehen verwalten.

Revolution, schön und gut,
solange es jemand anders tut!

Heiliger Krieg?

Autobomben explodieren,
ein Mensch, er kriecht auf allen Vieren
aus der Gefahrenzone raus.
Zerfetzte Körpermassen
liegen mitten auf der Straße
alles stirbt, oh graus.

Getroffene fallen,
Geschoße knallen
aus dem Hinterhalt.
Ein Prophet, er wird gepriesen,
für den Glauben Menschen erschießen,
das Sterben lässt ihn kalt.

Was kümmert mich mein Leben,
ich will es gerne geben,
bin doch ein Himmelskrieger.
Für den Islam zu sterben
um das ewige Glück zu erben,
doch in einem Krieg gibt's keine Sieger.

Intifada

Im Laufe der Zeiten
ist manch Schlimmes passiert.
Doch die meisten Abscheulichkeiten
hat wohl Abraham's Volk kassiert.

Ob aus Ägypten die Flucht
oder Hitler's Völkermord,
lange haben sie eine Heimat gesucht,
leiden mussten sie an vieler Ort.

Wer soviel Erfahrung schon gemacht,
so wird man sich denken,
wird weise handeln, wenn es kracht
und notfalls auch einlenken.

Mit Nachbarn streitend Jahrzehnte später
demonstriert Israel seine Übermacht,
aus Opfern wurden Täter,
wer hätte das gedacht.

Mit Patronen gegen Steine,
ein ungleicher Krieg,
Gnade gibt es keine,
ziehen mordend 'gen Sieg.

Die UNO schaut zu,
denn unterm Schutz der USA
kann man Abschlachten in Ruh,
man kennt's schon aus den Lexika.

Oh Söhne Zions welch Verrat!
Aus David wurde Goliath!

G8

Während die Klügsten der 8 Staaten,
verbunkert und von Panzern beschützt,
über das Wohl der Wirtschaft beraten,
die den armen Mann ausnützt.

Dem Reichen hilft's sich noch mehr einzuverleiben,
formiert euch hinter Barrikaden
Menschenmassen um zu zeigen
dass wir gelernt in den Dekaden

Und das Volk so dumm nicht ist
die Worte zu glauben dieser Schänder,
und nicht mehr deren Scheisse frisst:
„Vereinigt euch in all den Ländern!"

Die Polizei schreitet dagegen vor
mit Schlagstock, Pistole und Gewehr
hört man den Uniformiertenchor:
„ergebt euch ohne Gegenwehr".

Ein Carabinieri hebt seine Pistole
und zielt auf deinen Kopf,
du schreist noch schnell eine Parole
BUMM – und blutig ist dein Schopf.

Dein Körper schlägt auf den Asphalt,
der Polizist gibt Gas,
und überrollt dich gefühlskalt
als wärst du ein Stück Aas.

Er setzt mit dem Auto wieder zurück
und überfährt dich noch einmal.
Er schreit „Stirb Kommunistendrecksstück!"
Alles im Namen des Kapital

Er ist ohne Angst vor Repressalien,
denn er weiß ganz bestimmt,
dass im faschistischen Italien
er vor Gericht sicher gewinnt.

Der 20. Juli zweitausendundeins
stets in unserer Erinnerung ist,
und es gedenkt unsereins
wofür du, Carlo Giuliani, gestorben bist.

Ist Weihnachten da?

Weihnachten naht,
was soll ich bloß schenken?
Weihnachten naht,
meine Gedanken verrenken.
Weihnachten naht,
von Geschäft zu Geschäft laufen.
Weihnachten naht,
was soll ich bloß kaufen?
Weihnachten naht,
wird's wem gefallen?
Weihnachten naht,
ich werd's gleich bezahlen.
Weihnachten naht,
jetzt hab' ich „the best".
Weihnachten naht,
na dann, frohes Fest.
Weihnacht ist da
die Streitereien liegen im Raum
Weihnacht ist da
das Geschenk ist unterm Baum.

Ist Weihnachten da?
Denn auch das schönste Präsent
wird kein Fest erschaffen,
wenn gebraucht dekadent
wird der Worte Waffen.

Wieso beschützt du mich nicht mehr?

Licht strahlt von oben herab,
die Wolken reißen auf,
majestätisch schwebt dein
weiß strahlender Körper von oben herab,
du breitest deine Flügel aus,
kommst ins Trudeln
wirst schneller
und schneller
versuchst an Höhe zu gewinnen,
stürzt weiter ab
wirst schneller
und schneller
und du beschließt nicht mehr zu kämpfen,
aber ich brauche dich!
Du betest zu Gott,
flehst um dein Leben.
Verlierst den Glauben an dich
und schlägst auf der kalten, nassen Erde auf.
Aber ich brauche dich!
Und der Engel war tot

Krieg und Frieden

Oben auf dem Palmenbaum
träumt ein Affe einen Traum
vom Frieden auf der ganzen Welt,
was dem Affen sehr gefällt.
Keine Raketen und Bomben,
kein Verstecken in Katakomben,
keine Drohnen am Himmel grollen,
keine Panzer über Straßen rollen.
Der Affe träumt sich vor Glück
in die Wirklichkeit zurück,
schaut hinunter vom Palmenbaum
vorbei ist dieser schöne Traum.
Mit Leichen übersät der Boden
aus Gebäuden Flammen lodern
verbrannte Erde weit und breit.
Der Affe spricht: „Die sind nicht g'scheit.
Die Menschen sollten es doch schaffen
in Frieden zu leben wie wir Affen“.

bisher erschienen:

HAAATSCHI-G'SUNDHEIT – (2001)
ein Ratgeber für alltägliche Wehwechen

HEIMLICHE LEIDENSCHAFT - (2004)
Gedanken und Gedichte

KINDERAUGEN – (2006)
Gedanken und Gedichte